Una amiga nueva

María Furquet
ilustrado por Constanza Basaluzzo

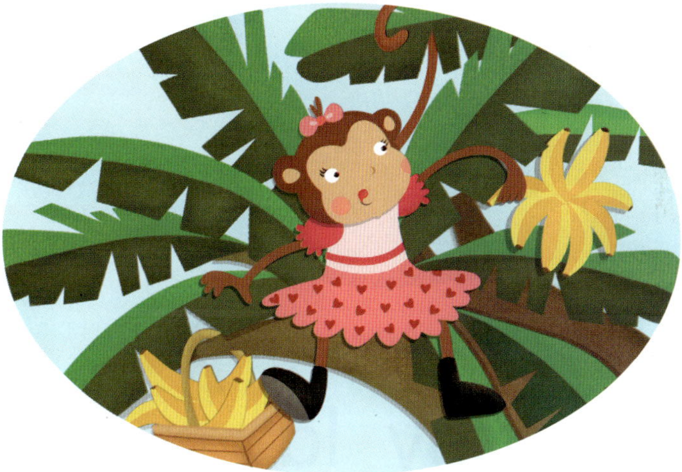

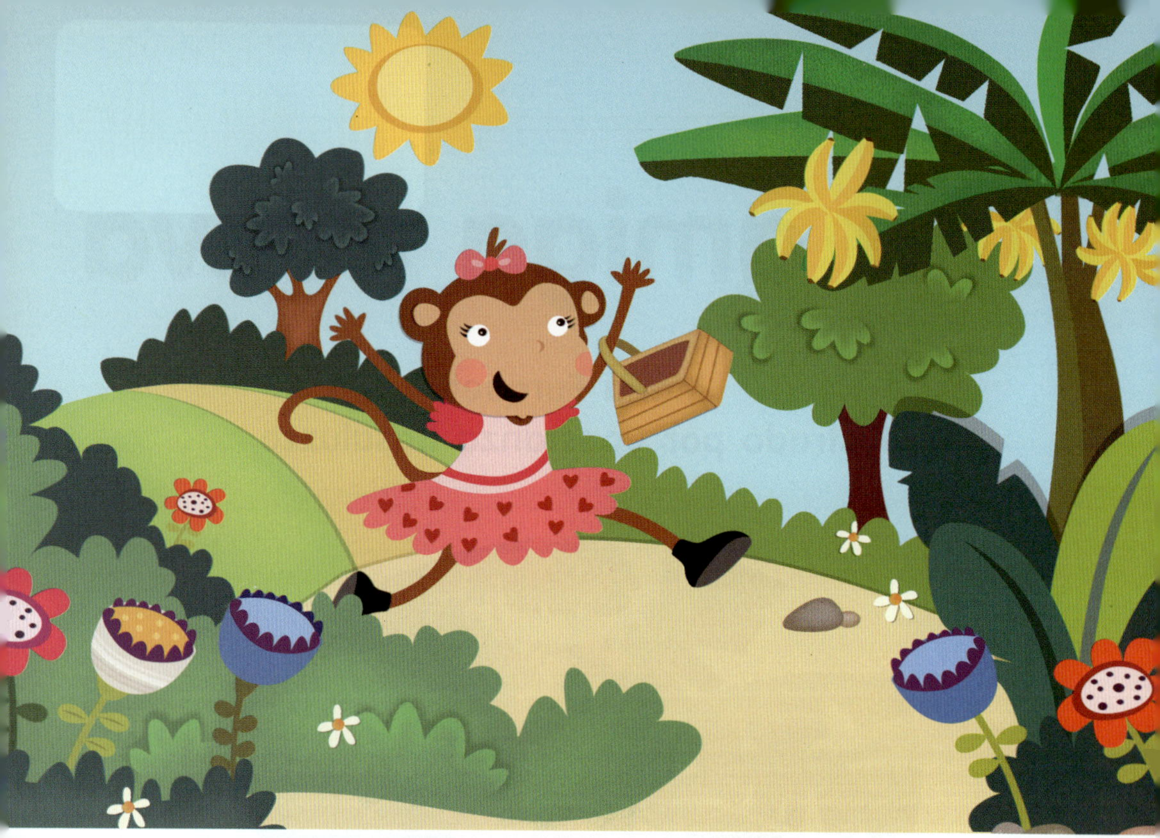

Yo soy la 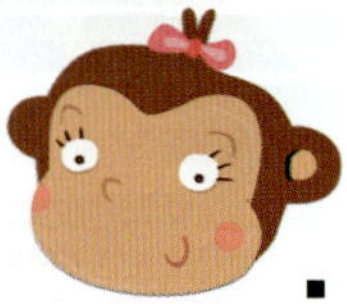 .

mona

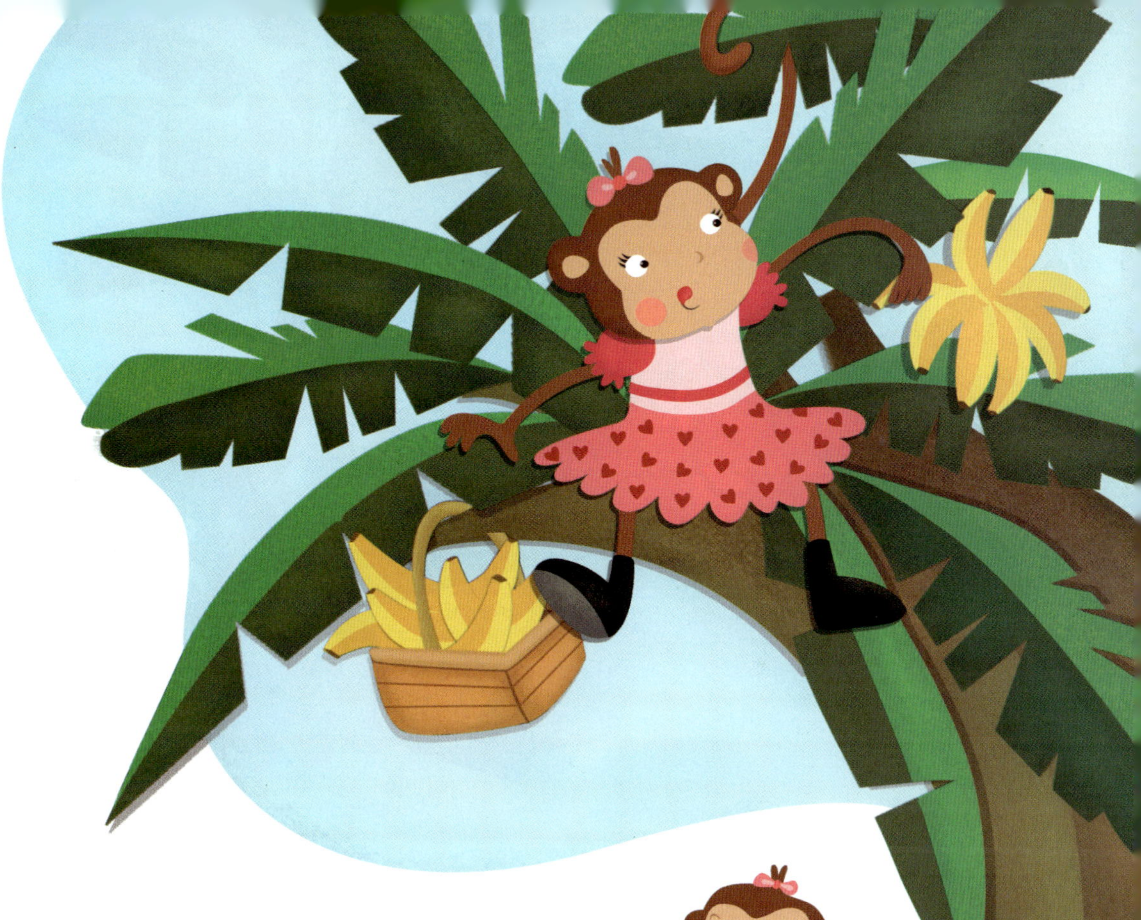

Yo soy la 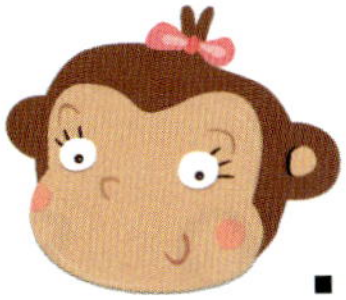 .

mona

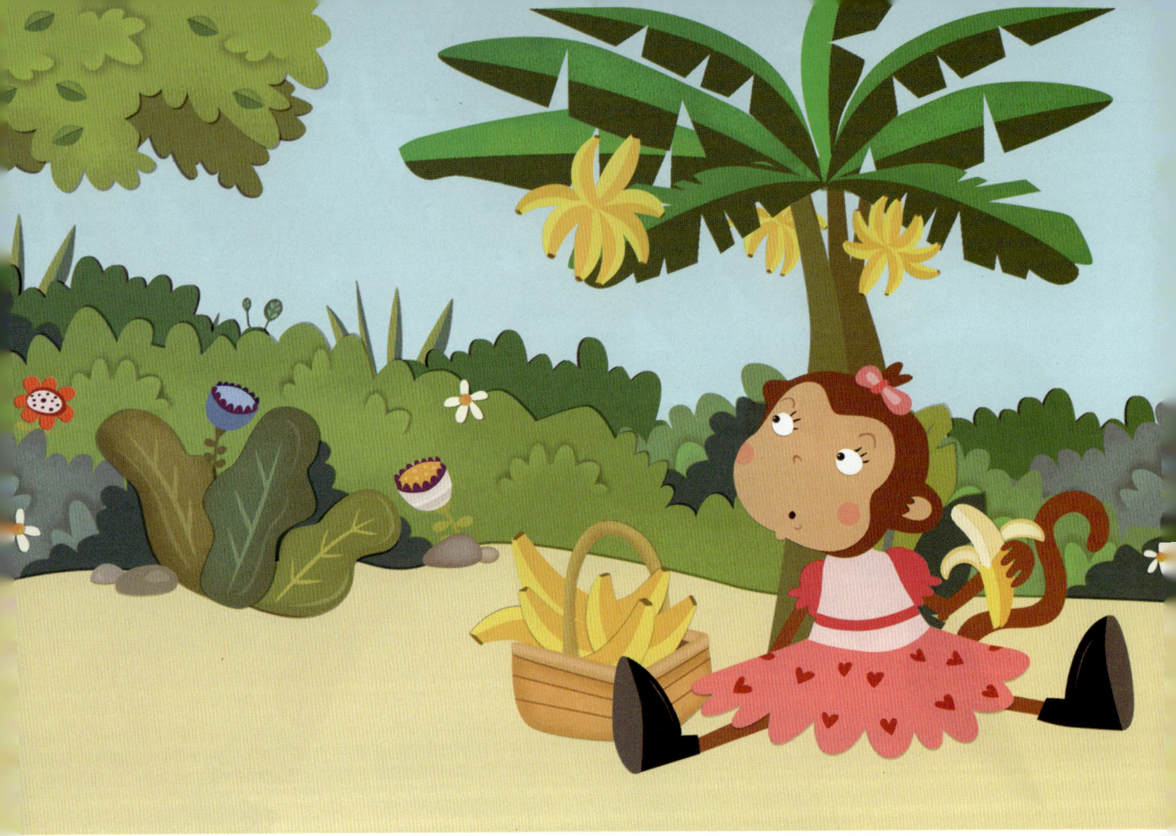

Yo soy la 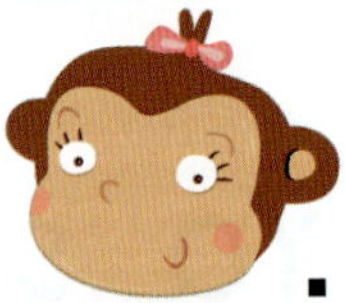 .

mona

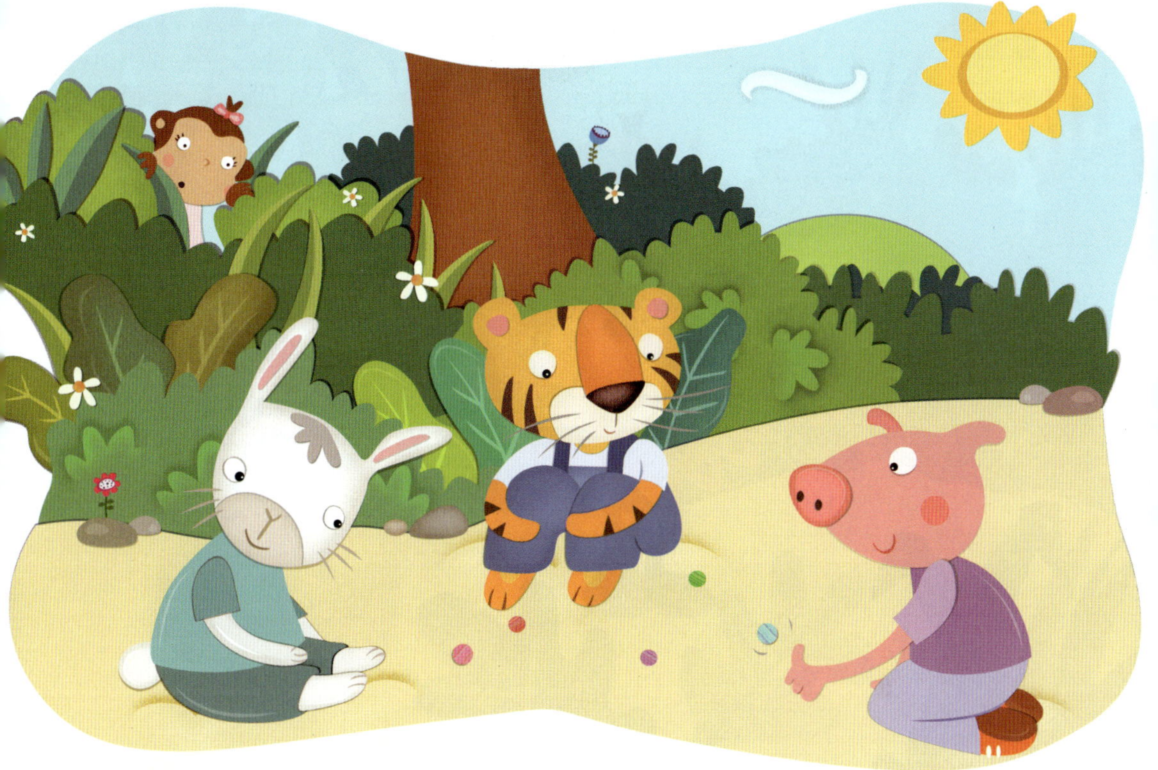

Yo soy la 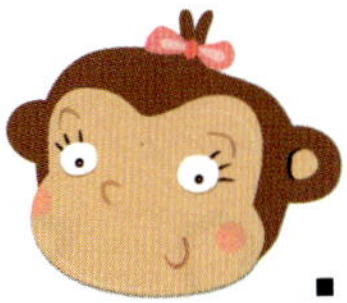 .

mona

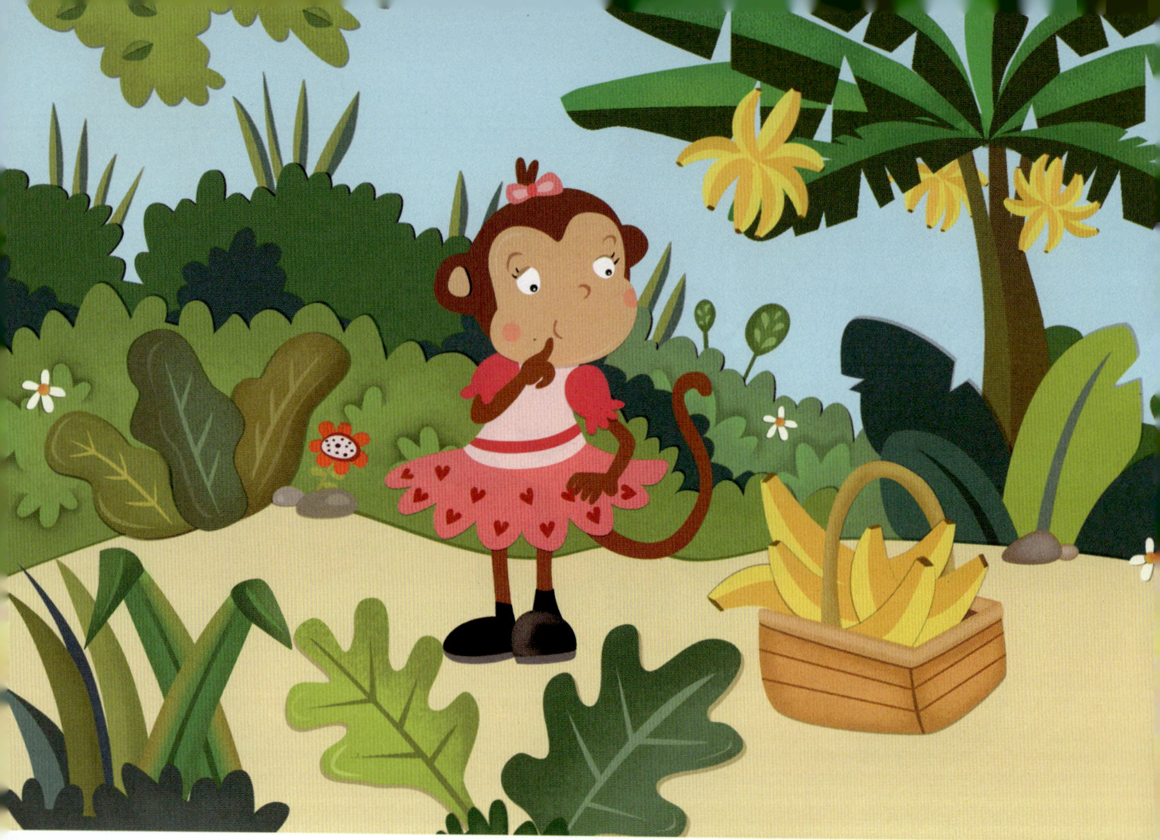

Yo soy la 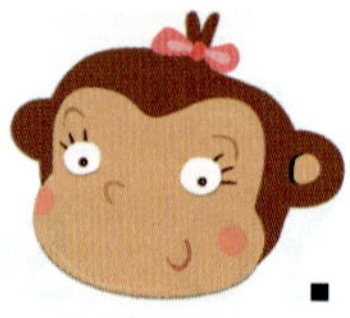 .

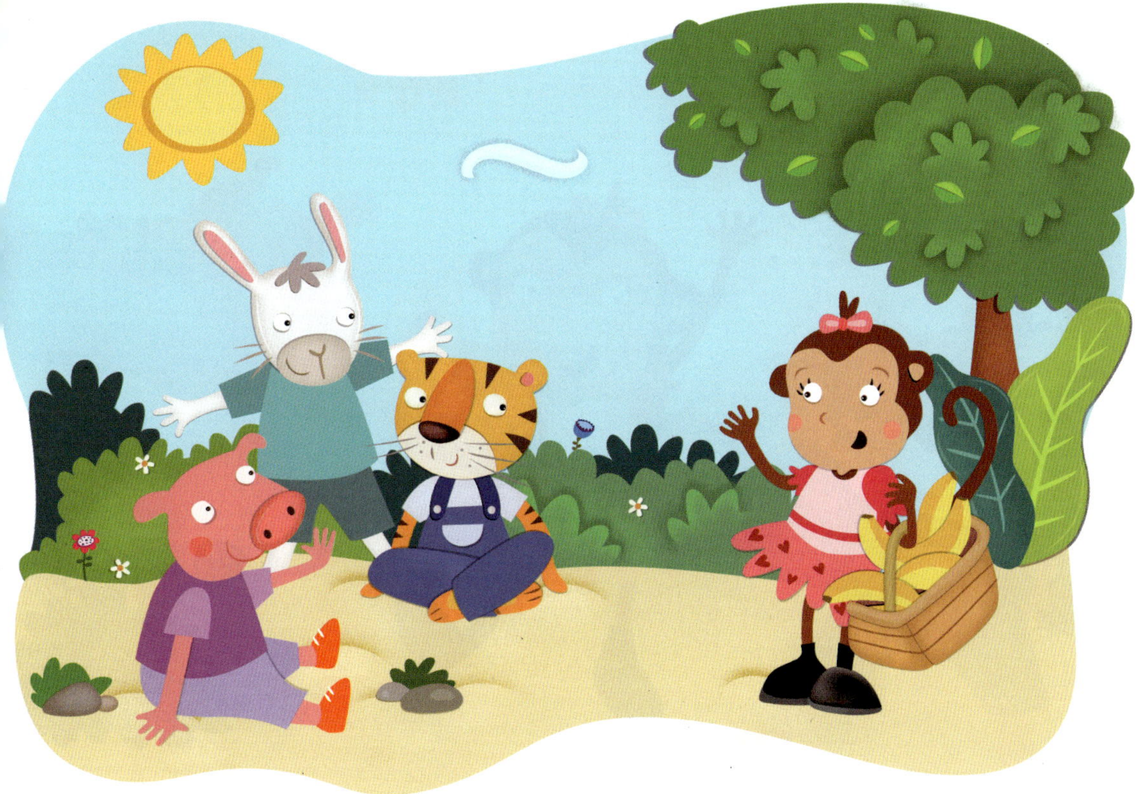

Yo soy la 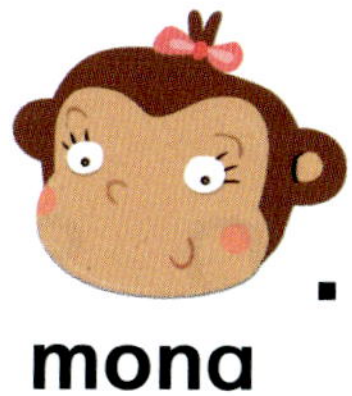 .

mona

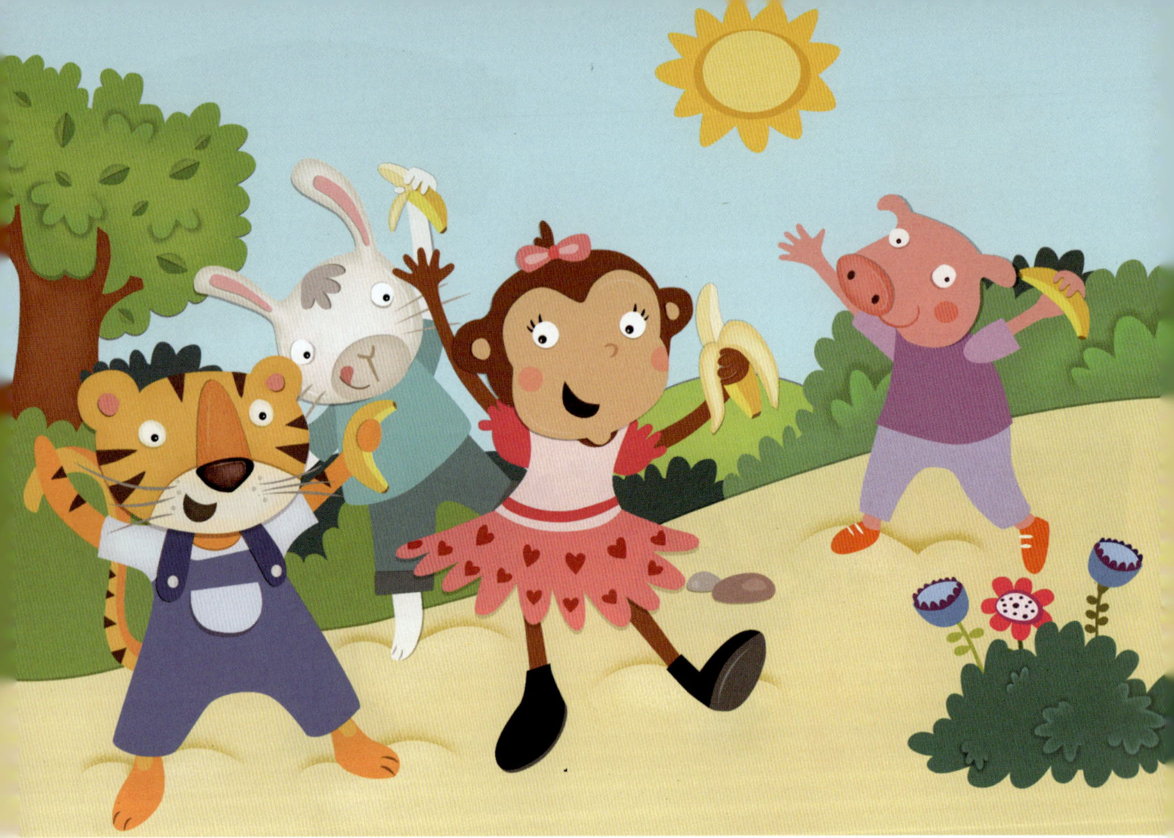

Yo soy la 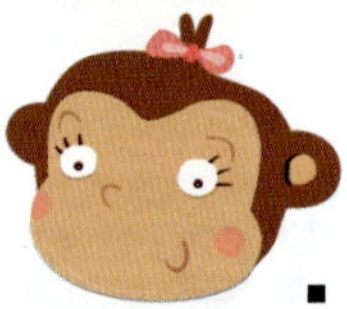 .

mona